Género Ficción

I0800095

Pregunta esencial

¿Adónde te puede llevar la imaginación?

El bosque de nubes

Rosa Oriolo
ilustrado por Luisspa Salmón

Capítulo 1

Listos para el viaje

Alberto está feliz, por fin llegó el día tan esperado.

Alberto está en el aeropuerto con sus padres. Muy pronto abordarán el avión que los llevará a Venezuela.

—Mira, papá, todavía es de noche —dice Alberto.

—Así es, hijo. El sol saldrá cuando estemos en vuelo —responde el papá.

Los abuelos de Alberto viven en Venezuela con sus tíos y primos.

Alberto es un niño muy cariñoso. Hace un tiempo que no ve a los abuelos y los extraña.

También irán todos a pescar con su tío Carlos. Y el domingo por la mañana jugarán al fútbol con los primos.

Alberto recuerda los lindos momentos con su familia. Todos disfrutan mucho cuando están juntos.

Alberto piensa en las comidas que cocina su abuelo. ¿Qué plato rico preparará esta vez? En su imaginación recuerda los paseos por el bosque con su abuela.

Además, Alberto está muy entusiasmado porque este es su primer viaje en avión. Por fin cumplirá su sueño de volar como los pájaros.

Siempre le gustó ver volar a los pájaros. Y su juego favorito es descubrir formas en las nubes.

AHORA COMPRUEBA

¿Por qué Alberto está muy entusiasmado?

Capítulo 2
La ventanilla del avión

Una hora después del despegue, una azafata muy amable les sirve el desayuno. Alberto ve que a la azafata le gusta ejercer su profesión.

Alberto es muy observador y, además, curioso. Mira con atención todo lo que ocurre dentro del avión.

Pero, de pronto, mira por la ventanilla. Algo llama su atención.

—¡Miren! ¡Qué hermoso! —dice Alberto con entusiasmo.

El sol comienza a asomarse. Los primeros rayos iluminan el cielo. Alberto se asombra del color azul profundo.

Alberto mira maravillado.

—Los rayos del sol son como hilos de oro —dice la mamá.

—Sí. Y el cielo parece el mar. Así lo veo desde la ventana de mi habitación —responde Alberto.

—Parecen dos poetas —dice el papá.

Alberto recuerda lo que su abuela le decía cuando paseaban en el bosque.

—¿Sabes, papá? La abuela dice que los pájaros vuelan en el cielo como yo nado en el mar.

—La abuela tiene mucha razón. ¿No crees? —responde el papá.

AHORA COMPRUEBA

¿Qué le decía la abuela a Alberto cuando paseaban en el bosque?

Capítulo 3

Un pájaro en el arcoíris

Una hora después, Alberto sigue muy concentrado mirando el cielo.

Alberto ama el bosque y el mar. Le gusta caminar con sus padres entre los árboles. Y recostarse en el suelo para mirar el cielo. Es hermoso ver el brillo del sol entre las hojas verdes del árbol.

A su mamá le gusta nadar. Alberto va con ella a la playa todos los sábados.

Le encanta la sensación de nadar en el agua azul y tibia del mar. Y luego, secarse en la arena bajo el sol.

Alberto se siente feliz y en armonía.

De pronto, aparecen unas nubes. Tienen diferentes formas y tamaños.

Pero Alberto se imagina que no son nubes. ¡Se imagina que son árboles de nubes!

Alberto se imagina que el avión se ha convertido en un hermoso pájaro gris que vuela sobre el bosque de nubes. Más allá hay altas montañas nevadas.

Detective del lenguaje	La oración subrayada, ¿es interrogativa o exclamativa? ¿Cómo lo sabes?

Alberto sigue imaginando. Ahora el cielo es un hermoso lago de aguas azules.

Entre los árboles, los rayos del sol se ven como pájaros dorados. En el suelo hay flores doradas. También hay mariposas doradas revoloteando alrededor de Alberto y sus papás.

De pronto, Alberto imagina que los árboles cambian de forma. Ahora no son árboles. ¡Son toboganes!

Alberto no puede determinar el largo de los toboganes blancos y dorados.

El pájaro gris se desliza por uno de ellos.

"¡Esto es muy divertido!", piensa Alberto.

Le gusta mucho jugar a imaginar estas cosas.

El tobogán de nubes se une con un arcoíris.

El pájaro gris se desliza velozmente por el arcoíris.

—¡Papá, mamá, el arcoíris parece una montaña rusa! —dice Alberto.

—¡Es fantástico! —responde la mamá.

Detective del lenguaje	¿Qué adverbio tiene la oración subrayada?

Capítulo 4

En el bosque de nubes

Al final del camino hay una nube. Se parece a un gran copo de algodón.

Alberto imagina que es un bote que llega al bosque de nubes.

—Vamos, Alberto —dice el papá—, los abuelos nos están esperando.

—¿Amigo pájaro, puedes llevarnos a la casa de los abuelos? —le pregunta Alberto en su imaginación.

El bosque de nubes vuelve a ser un tobogán.

El pájaro sube a una nube y se desliza hacia abajo.

Alberto sigue imaginando paisajes hermosos.

Finalmente, llegan a la casa de los abuelos.

Alberto imagina que el pájaro abre sus largas alas y se aleja.

Los abuelos, los tíos y primos están esperando a Alberto y sus padres. Todos están muy felices de verse.

—¿Cómo fue el viaje, Alberto? —le pregunta su abuelo.

Alberto mira el cielo con nubes blancas. A lo lejos ve un pájaro volando hacia el arcoíris.

—¡Fantástico, abuelo! —responde Alberto—. Dibujaré para ti todo lo que vi en el viaje.

AHORA COMPRUEBA

¿Quiénes están esperando a Alberto y a sus padres?

Respuesta a la lectura

Resumir

Usa detalles importantes para resumir *El bosque de nubes*.

Personaje	Pista	Punto de vista

Evidencia en el texto

1. ¿Cómo sabes que *El bosque de nubes* es un cuento de ficción? **Género**
2. En la página 4, ¿qué sueño cumplirá Alberto con este viaje? **Punto de vista**
3. ¿Con qué se compara el cielo en la página 10? **Metáforas**
4. Escribe sobre los paisajes que se imagina Alberto. **Escribir sobre la lectura**

Género **Poesía**

Compara los textos

Ahora lee un poema sobre adónde te puede llevar la imaginación.

Más que azul

Sebastián Olaso

Illustration: Francisca Marquez

Tomé un lápiz azul
para pintar aquel cielo
que parecía a un gran tul
con cien palomas en vuelo.

Con el cielo dibujado
sonreí y alcé la mirada.
El viento había empujado
algunas nubes plateadas.

Después de pintar las nubes,
aprendí un bello secreto:
La lluvia al caer deja luces
amarillas en el cielo.

Illustration: Francisca Marquez

Cuando llegó el atardecer
se sorprendieron mis ojos.
A esa hora pude ver
matices verdes y rojos.

Llena el cielo de colores
la sabia naturaleza,
y regala a los pintores
su infinito y su pureza.

Haz conexiones

¿Qué imaginó el niño al ver los colores en el cielo? **Pregunta esencial**

¿Cómo puede observar el cielo ayudarte a dibujar imágenes bellas?

El texto y otros textos

Enfoque:
Elementos literarios

Diálogo Cuando los personajes hablan entre ellos, usan el diálogo. El diálogo puede ayudarte a comprender el punto de vista de un personaje.

Lee y descubre Mientras lees un cuento, busca las rayas de diálogo (—). Las rayas indican cuándo habla un personaje. Mira este ejemplo de *El bosque de nubes*:

—¡Papá, mamá, el arcoíris parece una montaña rusa! —dice Alberto.

Tu turno

Escribe un cuento en el que los personajes hablan entre ellos. Usa rayas de diálogo cada vez que hable un personaje.